Inhalt

Spam-Problematik - Keine Verbesserung in Sicht?

Kernthesen

Beitrag

Fallbeispiele

Weiterführende Literatur

Impressum

Spam-Problematik - Keine Verbesserung in Sicht?

E. Krug

Kernthesen

- Die E-Mail-Kommunikation wird nach wie vor durch Spam-Mails enorm belastet und eingeschränkt. (1)
- Besonders problematisch erweisen sich die Spams für die Telemarketer und die Unternehmen. Es wird dabei von Milliardenverlusten gesprochen. (1), (2)
- Das neue Anti-Spam-Gesetz scheint keine ausreichende Maßnahme zu einer endgültigen Spam-Mail-Bekämpfung zu sein. (3)

Beitrag

Seit Jahren geistert die Spam-Problematik durch die Online-Welt. Legt man die Anzahl aller versandten E-Mails (Privathaushalte und Unternehmen) zugrunde, entfallen auf die Spam-E-Mails 80 Prozent der gesamten E-Mail-Kommunikation. Spams sind nicht erwünschte E-Mails, die Waren zum Kauf anbieten. In diesen Müllmails, die mehr als lästig sind, verstecken sich zudem auch häufig Viren und Würmer. (1)
Der Prozentanteil der Spam-E-Mails am gesamten E-Mail-Verkehr ist unangenehm hoch. Laut einer Studie von Messagelabs, dem Sicherheitsspezialisten, waren im vergangenen Jahr von 150 Milliarden E-Mails von über 10 000 Unternehmen 73 Prozent Spam-Mails. Im Jahr davor lag der Anteil noch bei 40 Prozent und im Jahr 2002 sogar nur bei neun Prozent, was an und für sich auch zu hoch war, aber im Vergleich zu heute wirklich relativ gering erscheint. (4)
Die E-Mail-Adressen kaufen sich die Spammer z.B. von Gaunern, die auf illegale Weise mit Spezialprogrammen die Adressen gewinnen können. (2)
Spamfilter schienen zunächst die Lösung zu sein, stellten sich aber im Endeffekt auch nicht als Wundermittel heraus.

Spamfilter sind keine Allheilmittel

Grundsätzlich kann man davon ausgehen, dass Filter unbarmherzig sind, sprich am Filter bleibt im Endeffekt fast alles hängen. Das wiederum hat nicht selten zur Folge, dass erwünschte E-Mails, also kein Müll, bereits vorab eliminiert werden und die False-Positiv-Rate (Anteil der erwünschten E-Mails, die fälschlicherweise ausgefiltert werden) relativ hoch sein kann. Lt. Commtouch, dem US-Anbieter einer Filtersoftware, sind in etwa ein Fünftel aller Spam-Mails nur bedingt durch Filtermaschinen zu identifizieren. Spammer versuchen immer häufiger und auch immer erfolgreicher, die Filter auszutricksen, indem sie auf glaubwürdig klingende Wortkombinationen zurückgreifen.
An und für sich nimmt man in der Branche an, dass es keine Spamfilter gibt, die wirklich alle Spam-Mails eliminieren würden. Es bleibt eben nur fast alles hängen und dann, wie gesagt möglicherweise echte Mails.
Es gibt zurzeit keinen eindeutigen Filter-Schutz vor Spams. (1), (2)

Spam-Mails in Call Centern

Einige Untenehmen haben für sich zwar geeignete Lösungsmaßnahmen getroffen, die aber trotzdem nicht alle Spam-Mails eliminieren können. Es bleibt das Problem, dass die Abwehrmechanismen immer hinter den Verursachern hinterher hinken. So erweist sich das Thema als äußerst zeitaufwendig. Die Mitarbeiter müssen die Spam-Restmengen, die nicht durch Filter aussortiert werden konnten, selbst prüfen und löschen. Diese zeitintensive Nebenbeschäftigung der Agenten bringt natürlich Verluste mit sich. [1], [2] Hinzu kommt, dass die Mitarbeiter durch die Spams in ihrer Konzentration stark beeinträchtigt werden. In dem ganzen Wust an E-Mail-Müll wird dann ganz leicht auch mal die eine oder andere Kunden-Mail übersehen und kann dementsprechend nicht berücksichtigt werden oder andere Mails werden erst zu spät bearbeitet, weil die Eliminierung von Spams zu zeitlichen Engpässen führt. Die Folge ist eine deutliche Unzufriedenheit beim Kunden, was für die Unternehmen Verluste und Kundenbindungsprobleme mit sich bringt.
Eine mögliche Lösung wäre die Erstellung und Pflege von Black Lists, notfalls ergänzt durch White Lists, das heißt die Nutzung von externen Datenbanken, in denen bekannte Versender von Spam-Mails vermerkt sind. [1], [2]

Gesetzliche Eindämmung der Spam-Flut

Welche anderen Möglichkeiten gibt es, um sich vor Spams zu schützen? Ist das Thema ausreichend gesetzlich geregelt? Mitnichten. Derzeit sind zwar unverlangt zugehende Werbe-E-Mails verboten, gelten aber nur als Verstoß gegen das Gesetz gegen den unlauteren Wettbewerb (UWG). Jetzt ist ein neues Anti-Spam-Gesetz geplant, welches den Versendern von unerwünschten Spam-Mails Einhalt gebieten soll. Der Entwurf liegt vor und soll so schnell wie möglich ins Teledienstgesetz aufgenommen werden. Das Gesetz sieht unter anderem vor, dass Werbenachrichten nicht mehr getarnt werden dürfen. Für den Mail-Empfänger müssen Angaben zum Versender und dem kommerziellen Zweck in Kopf- und Betreffzeile eindeutig erkennbar sein. Ordnungswidrigkeiten in diesem Bereich sollen wahrscheinlich in Zukunft von der Regulierungsbehörde für Telekommunikation und Post zentral verfolgt werden. Den Spammern droht ein Bußgeld bis zu EUR 50 000,-. (1), (3)

Aktionsbündnis gegen Spammer

Eine verschärfte Rechtslage und hohe Bußgelder allein reichen allerdings lange noch nicht aus. Aufgrund dessen nutzte Renate Künast Mitte März den Weltverbrauchertag, um eine neue Initiative gegen Spams vorzustellen. Das Aktionsbündnis gegen Spams setzt sich aus dem Bundesverband der Verbraucherzentralen (Vzbv), der Zentrale zur Bekämpfung unlauteren Wettbewerbs (Wbz) und dem Verband der Internetwirtschaft (Eco) zusammen. Das Ziel des Bündnisses ist die Ermittlung der Verursacher und die juristische Verfolgung von ebendiesen. Was nützen Bußgelder, wenn die Übeltäter nicht gefasst werden. Zudem ist es den Beteiligten äußerst wichtig, das erschütterte Vertrauen von Verbrauchern in das Internet und die E-Mail-Kommunikation zurückzugewinnen. (5)

Fallbeispiele

Beispiele für Spamfilterlösungen

InfineonBei Infineon gehen pro Tag ca. 600 000 E-Mails ein.
Die beiden Spamfilterlösungen, die bis 2004 eingesetzt wurden, sind mittlerweile an ihre Leistungsgrenzen gestoßen. Die Erkennungsrate für Spam-Mails lag nur noch bei etwa 50 Prozent, die False-Positiv-Rate bei rund fünf Prozent.
Ersatzlösung nach einer zweimonatigen Testphase: Zwei C60 Appliances von Ironport Systems
Es handelt sich dabei um eine kombinierte Software- und Hardwarelösung, die sowohl ein Mail-Gateway als auch den Anti-Spamfilter Bright Mail enthält. (7)

TEMA Gesellschaft für Marketing-Service mbH
TEMA setzt als Spamfilter die Filtersoftware Spam Assassin ein.
Dieses Programm verfügt über ein umfassendes Textrepertoire, z.B. einem Bayes-Filter mit Wahrscheinlichkeitstests vorkommender Worte, sowie Black Lists mit IP-Nummern von Websites, die in den Spam-Mails beworben werden.
Jede E-Mail erhält am Ende eine Gesamtwertung, die dann bei einer automatisierten Sortierung eingesetzt wird.
Das Verhältnis von Trefferquote und False-Positives scheint sehr gut zu sein. (2)

Beispiele für rechtliche Folgen und Klagen

Debitel wegen Spamming verurteiltDer deutsche Mobilfunkanbieter Debitel ist von einem dänischen Handelsgericht zur Zahlung von zwei Millionen Kronen (EUR 269 000,-), wegen unaufgeforderter Versendung von Werbe-Mails und SMS, verurteilt worden. Debitel hat somit im April 2003 gegen das Spam-Verbot verstoßen und auf diese Art und Weise anscheinend versucht Kunden des Konkurrenten Telmore abzuwerben. (8)

Microsoft verklagt Israeli
Microsoft verklagt einen israelischen Versender von Spam-Mail und sein Unternehmen New Approach auf Schadensersatz in Höhe von bis zu EUR 440 000,-. Grund: der israelische Unternehmer habe den zu Microsoft gehörenden Dienst Hotmail für seine Sendungen genutzt. (9)

Weiterführende Literatur

(1) Spam im Call Center: Letzter Ausweg Löschtaste? aus Direkt Marketing, Heft 2/2005, S. 40-41

(2) Spam versus Kundenzufriedenheit - Telemarketer

investieren in die Problematik Zeit und Geld.
aus Direkt Marketing, Heft 2/2005, S. 42-43

(3) O.V., Spammern drohen Bußgelder,
Computerwoche, 04.02.2005, S. 14
aus Direkt Marketing, Heft 2/2005, S. 42-43

(4) STUDIE: eMAIL-KOMMUNIKATION UNTER
DAUERBESCHUSS Spam- und Viren-Befall
besonders im Sommer
aus IT Business, Heft 06/2005, S. 29

(5) Aktionsbündnis gegen Werbemüll
aus Süddeutsche Zeitung, 16.03.2005, Ausgabe
Deutschland, S. 23

(6) O.V., Studie: Mobile Spam wird für den
Mobilfunkanbieter zum Problem, e-MARKET
Webmagazin, 11.02.2005
aus Süddeutsche Zeitung, 16.03.2005, Ausgabe
Deutschland, S. 23

(7) O.V., Infineon filtert Spam-Mails aus,
Computerwoche, 18.02.2005, S. 35
aus Süddeutsche Zeitung, 16.03.2005, Ausgabe
Deutschland, S. 23

(8) Wegen Mails verurteilt
aus Süddeutsche Zeitung, 15.03.2005, Ausgabe
Deutschland, S. 22

(9) Microsoft verklagt Israeli wegen Spam-Mails
aus netzeitung.de vom 22.02.2005

Impressum

Spam-Problematik - Keine Verbesserung in Sicht?

Bibliografische Information der deutschen Nationalbibliothek

Die Deutsche Nationalbibliothek verzeichnet diese Publikation in der deutschen Nationalbibliografie; detaillierte bibliografische Daten sind im Internet über http://dnb.d-nb.de abrufbar.

ISBN: 978-3-7379-0714-9

© 2015 GBI-Genios Deutsche Wirtschaftsdatenbank GmbH, Freischützstraße 96, 81927 München, www.genios.de

Alle Rechte vorbehalten. Dieses Werk ist einschließlich aller seiner Teile – z.B. Texte, Tabellen und Grafiken - urheberrechtlich geschützt. Jede Verwertung außerhalb der Grenzen des Urheberrechtsgesetzes bedarf der vorherigen Zustimmung des Verlags. Dies gilt insbesondere auch für auszugsweise Nachdrucke, fotomechanische Vervielfältigungen (Fotokopie/Mikroskopie), Übersetzungen, Auswertungen durch Datenbanken oder ähnliche Einrichtungen und die Einspeicherung und Verarbeitung in elektronischen Systemen.